Peinture

SUR PAPIER DE RIZ

PAR

Achille Robin,

PROFESSEUR DE DIVERS PROCÉDÉS DE PEINTURE.

A PARIS,

CHEZ L'AUTEUR, RUE NEUVE DES MATHURINS, 12,

ET LES PRINCIPAUX LIBRAIRES,

papetiers et marchands de couleurs.

—

1837.

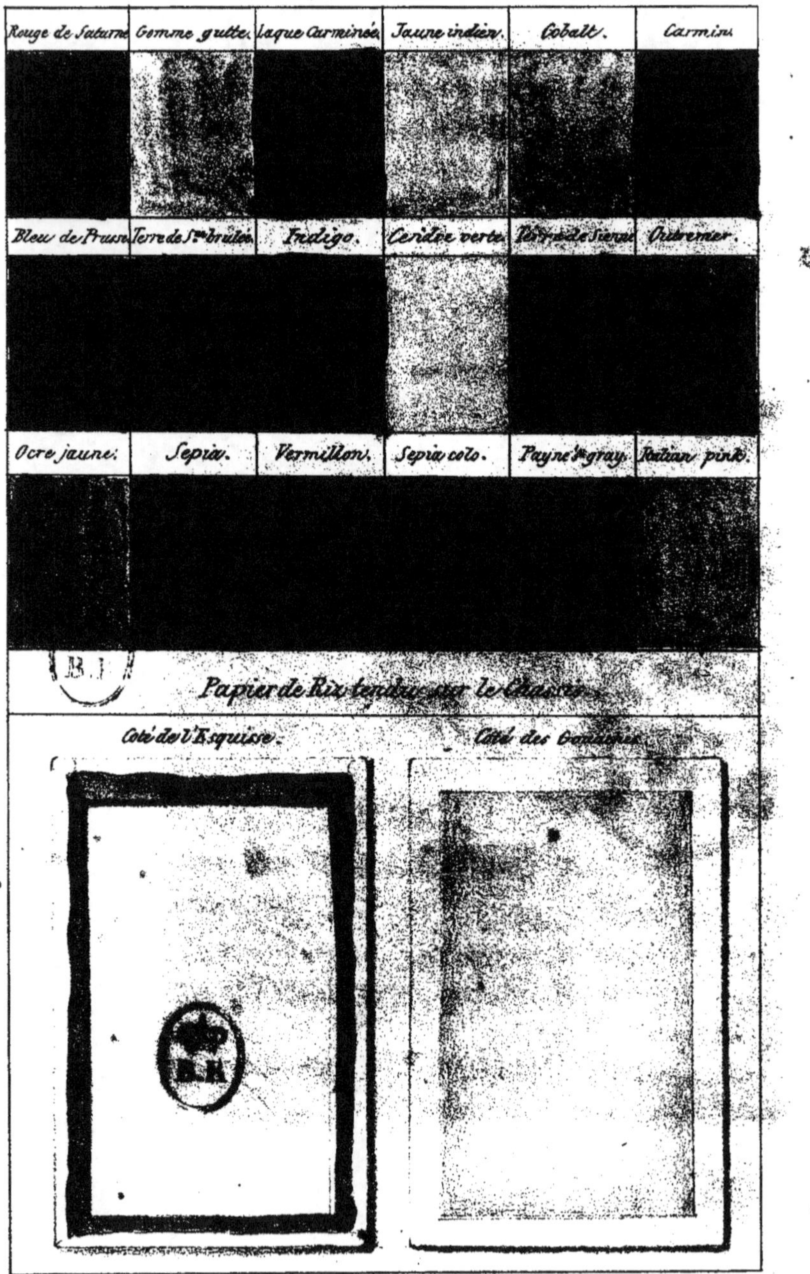

Couleurs nécessaires.
Rouge de Saturne
Gomme gutte
Laque Carminée
Jaune indien
Cobalt
Carmin
Bleu de Prusse
Terre de Se brûlée
Indigo
Cendre verte
Terre de Sienne
Outremer
Ocre jaune
Sepia
Vermillon
Sepia colo
Payne's gray
Rattan pink
Papier de Riz tendu sur le Chassis
Coté de l'Esquisse
Coté des Couleurs

Peinture

SUR

PAPIER DE RIZ,

Par Achille Robin,

PROFESSEUR DE DIVERS PROCÉDÉS DE PEINTURE.

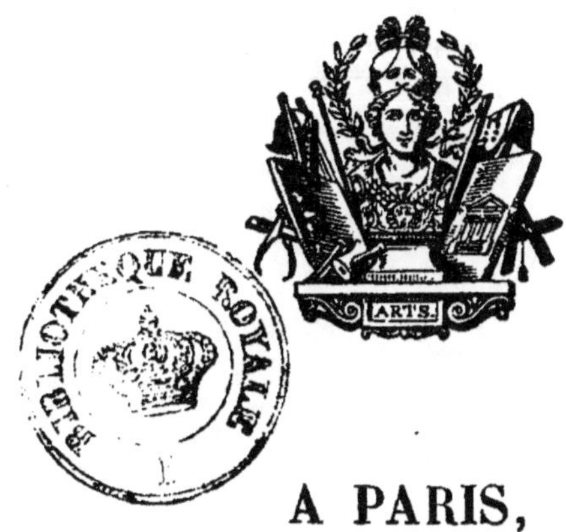

A PARIS,

CHEZ L'AUTEUR, RUE NEUVE DES MATHURINS, 12,

ET LES PRINCIPAUX LIBRAIRES,

PAPETIERS ET MARCHANDS D'ESTAMPES.

—

1837.

PARIS, IMPRIMERIE DE POUSSIELGUE,
rue du Croissant-Montmartre, n. 12.

Peinture

SUR PAPIER DE RIZ.

La véritable manière de peindre sur le papier de riz ayant été pour ainsi dire inconnue jusqu'à ce jour, on concevra facilement pourquoi ce genre de travail n'a obtenu aucune extension: en ayant fait une étude spéciale, j'ai pu me convaincre des résultats avantageux que l'on pouvait en obtenir, et j'ai pensé qu'il serait utile de publier et de faire connaître une méthode qui deviendra plus tard une nouvelle source de récréation pour les amateurs et surtout pour les dames, auxquelles elle se recommande particulièrement. Depuis quelques années nos relations avec la Chine nous ont fourni un assez grand nombre de peintures en ce genre, qui sont vraiment d'un effet extraordinaire, Qui n'a pas admiré ces oiseaux, ces fleurs, ces insectes si frais si brillants de couleur? ces personnages si richement costumés? Cette vigueur de coloris surtout, qui frappe et qui étonne, est due entièrement à l'effet des couleurs posées des deux côtés du papier; c'est à dire qu'après avoir travaillé à l'aquarelle par devant, on revient par derrière avec des teintes de gouache; par ce moyen la peinture, qui autrement serait pâle et sans effet, devient brillante et vigoureuse. Tous les genres se travaillent également avec succès. On peut former ainsi de charmants dessins d'album.

PAPIER DE RIZ.

Le papier de riz vient de la Chine, c'est un tissu fin, léger, transparent, d'une grande blancheur; il possède la propriété d'absorber l'eau très promptement; c'est pourquoi il est nécessaire de peindre toujours avec des couleurs très humides. Sa grandeur ordinaire est de sept à huit pouces de long sur cinq ou six pouces de large: cependant il y en a de plus grand. On en trouve dans le commerce de plusieurs couleurs, mais comme on ne peut le peindre l'usage en est un peu borné : on s'en sert pour des fleurs, des personnages. Plusieurs essais ont été faits sur ce papier passé à la presse, par ce moyen la peinture s'enlève en relief, mais comme il est impossible de le travailler à la gouache, ne pouvant le mouiller et par conséquent le tendre, les couleurs sont sans effet Il en est de même pour l'impression de la lithographie, elle ne peut se colorier : le papier de riz, quoique un peu fragile, devient tout à fait malléable étant mouillé, aussi est-il très facile de le tendre. Il est important de ne pas le faire sécher ni au feu, ni au soleil, ni au grand air. La manière de le peindre est simple et facile, mais elle demande beaucoup de soin.

OBJETS NÉCESSAIRES.

Une boîte composée des couleurs indiquées dans la planche.

Cinq paquets de couleurs en poudre. Blanc d'argent, jaune de chrome, vermillon, cendre verte et noir d'ivoire.

Deux pinceaux en petit-gris de grosseur moyenne.

Deux pinceaux en marte rouge un peu fins

Une palette en faïence, carrée longue.

Quelques feuilles de papier de riz.

Un châssis en bois de noyer.

Un couteau à peinture.

Une bouteille d'eau gommée.

Deux coquilles d'or et d'argent.

On pourra se procurer ces différents objets chez l'auteur, ainsi que tous les articles nécessaires pour travailler les autres procédés qu'il enseigne et dont le détail se trouve page (22).

COULEURS EN TABLETTES.

On peut également se servir de couleurs anglaises ou françaises, les premières cependant étant mieux broyées et mieux préparées sont préférables, les autres ont l'avantage d'être d'un prix moins élevé, elles sont au nombre de dix-huit ; je vais en donner les noms en anglais et en français.

Prussian blue.	Bleu de Prusse.
Indigo.	Indigo.
Vermillon.	Vermillon.
Red lead.	Rouge de Saturne.
Cobalt.	Cobalt.
Carmine.	Carmin.
Crimson lake.	Laque carminée.
Outremer.	Outremer.
Raw Sienna.	Terre de Sienne.

Burnst Sienna.	Terre de Sienne brûlée.
Indian yellow.	Jaune indien.
Camboge.	Gomme gutte.
Yellow ochre.	Ocre jaune.
Emerald green.	Cendre verte.
Sepia	Sépia.
Sepia W.	Sépia colorée.
Payne's gray.	. . . . .
Italian-pink.	. . . . (1)

COULEURS EN POUDRE.

Les couleurs en poudre sont employées pour les teintes de gouache ; elles se délaient avec de l'eau gommée, on les mélange avec les couleurs en tablette pour obtenir les tons nécessaires.

CHASSIS.

Comme on travaille le papier de riz des deux côtés, il faut le tendre sur un châssis, (*Voir la planche.*) Il doit être aussi mince que possible et d'un bois très sec ; le noyer est le plus convenable ; sur un des côtés on fait limer en forme un peu arrondie les bords intérieurs, cela est nécessaire ponr éviter de couper le pa-

(1) Pour compléter l'assortiment des couleurs françaises, il faut ajouter les deux couleurs anglaises, l'italian-pink et le payne's gray, qui ne sont pas remplacées avec avantage par les premières.

pier lorsque l'on appuie la main dessus, il faut également sur le même côté coller du papier blanc afin que le papier de riz ne puisse être en contact avec le bois.

MANIÈRE DE TENDRE LE PAPIER DE RIZ.

Pour tendre le papier de riz on le mouille d'un côté, on le laisse dans l'eau seulement quelques minutes, on le pose ensuite sur une feuille de papier blanc; puis sans attendre on applique le châssis dessus, on relève les bords du papier de riz en les fixant avec de la colle de farine; on commence par les deux côtés parallèles, puis ensuite par les deux autres. Il est important de ne pas tirer dessus; il faut au contraire qu'il forme la poche : en séchant il se resserre et se tend de lui-même; on appuie le châssis obliquement afin que l'air passe des deux côtés : cinq ou six heures sont nécessaires pour le sécher.

ESQUISSE.

Comme on ne peut esquisser avec le crayon sur le papier de riz, on est obligé de se servir du moyen du calque : voici la manière de le faire. On prend avec le papier végétal les contours du sujet que l'on veut peindre; comme les traits ont besoin d'être un peu marqués on les forme à l'encre en se servant d'une plume de corbeau, on fixe avec des pains à cacheter le calque sur du papier blanc, on pose ensuite le châssis sur le papier végétal de manière à ce que le papier de riz touche le calque ; c'est alors dans l'intérieur que l'on forme l'esquisse ; c'est le côté non mouillé que l'on considère comme le devant, on passe avec le pinceau et la couleur un peu humide sur tous les traits ; il faut le faire légèrement. Pour les tons noirs, bruns, on emploie la sépia ; pour les autres nuances on fait usage des mêmes couleurs qui doivent servir à travailler ensuite chaque partie. L'esquisse terminée, on enlève le châssis et on le pose sur une feuille de papier blanc.

PRÉPARATION DES TEINTES LOCALES.

Avant de peindre il est nécessaire d'humecter le papier avec le pinceau et de l'eau très propre, il faut le faire par parties détachées afin que les nuances de différents tons ne se mélangent pas : on attend quelques minutes avant de poser les couleurs. Les teintes locales se préparent avec les tons les plus clairs de chaque partie du modèle. Il faut employer la couleur un peu grasse, c'est à dire un peu humide ; elle doit être également plutôt un peu foncée que trop claire, parcequ'en séchant elle perd beaucoup de sa vigueur. Pour les tons très légers il faut beaucoup d'eau et très peu de couleur, surtout pour le carmin qui fournit beaucoup ; les parties qui se dégradent se forment avec le pinceau humecté seulement d'eau. On peut revenir plusieurs fois, mais il faut attendre quelques instants. Lorsqu'en séchant la couleur forme des taches et des teintes inégales, on ne doit pas s'effrayer, par le procédé de la gouache posée de l'autre côté du papier on y remédie facilement. Il est bien essentiel d'avoir toujours de l'eau très propre ; pour cela il est nécessaire d'avoir deux verres. L'eau qui sert à nettoyer les pinceaux a besoin d'être renouvelée souvent.

GOUACHES.

Les gouaches se font au moyen des couleurs en poudre délayées avec de l'eau gommée. (1) On les écrase bien avec le couteau sur la paette de manière à ce qu'elles ne forment pas de grains ; on se sert des pinceaux de

(1) Pour éviter d'être embarrassé sur la quantité à mettre, on peut la faire légère et l'employer pure, *Voir* la préparation page 24.)

marte rouge, la pointe en étant plus ferme on étend la couleur avec plus de facilité. Il est nécessaire que les teintes de gouache soient exactes, surtout pour celles foncées. La couleur étant une fois posée et sèche, on reviendrait même pardessus avec une plus claire, elle n'aurait pas d'effet; la seule ressource serait d'essayer de l'enlever lorsqu'elle est encore humide : cette opération demande beaucoup de soins et réussit rarement : voici le moyen de l'éviter. Il faut avoir la précaution de mettre sur un morceau de papier de riz un échantillon de toutes les nuances que l'on a travaillées, puis avant de poser les gouaches on essaie sur le morceau l'effet des teintes ; de cette manière on est plus sûr de réussir. Généralement il faut employer les couleurs plutôt moins foncées que trop, on a la ressource de pouvoir revenir par devant. Pour les tons dégradés on laisse un peu d'intervalle entre chaque nuance, ensuite on prend la couleur moins foncée, on l'étend un peu de chaque côté, puis on nettoie le pinceau, et avec l'eau pure on réunit les deux nuances. Ces tons dégradés demandent à être faits avec précaution ; il faut toujours avoir le soin de regarder de l'autre côté pour juger de l'effet. Il est bien important de suivre tous les contours le plus exactement possible. On peut mettre le châssis de temps en temps au jour afin d'obtenir plus de netteté. Malgré que les gouaches soient faciles à faire, il faut y mettre beaucoup de soin ; tout l'effet de ce genre de peinture étant obtenu par ce genre de travail. Avant de poser les ombres il faut attendre que les couleurs soient parfaitement sèches.

DES OMBRES.

Pour former les ombres il faut également humecter le papier, on le fait de la manière déjà indiquée ; la couleur doit être fondue de suite, si l'on ne prenait pas cette précaution, en sèchant elle ferait tache : il faut l'employer un peu humide et foncée. Pour obtenir des ombres vigoureuses il est nécessaire de revenir plusieurs fois, si on le fait presque immédiatement on n'a pas besoin de mouiller de nouveau, ce ne serait que dans le cas où l'on resterait quelques heures sans travailler. Lorque la teinte n'est pas assez foncée on revient en préparant une seconde fois, puis ensuite on forme les ombres. Il est bien essentiel de réserver les lumières : la couleur s'enlève très difficilement sur le papier de riz. Si cependant cela était nécessaire, il faudrait le faire de la manière suivante : on mouille avec le pinceau et de l'eau très propre la partie que l'on veut enlever, on frappe ensuite avec un mouchoir, on renouvelle cette opération plusieurs fois de suite : on se sert du même moyen pour les taches faites sur le papier. Pour juger de l'effet il ne faut jamais tenir le châssis en l'air, mais bien le laisser appuyer sur le papier blanc.

RETOUCHES ET DÉTAILS.

Afin de donner le temps nécessaire aux parties ombrées de sécher, on commence par tous les autres détails, pour former des traits fins il faut employer la couleur ni trop sèche ni trop humide ; on arrive facilement à ce degré intermédiaire avec un peu de pratique. Lorsque l'on veut terminer avec perfection, on peut passer de nouveau de l'autre côté du papier dans tous les traits en le faisant avec les mêmes couleurs. Les retouches se font également de la même manière, mais comme on ne peut les travailler par derrière il faut avoir la couleur un peu foncée.

LUMIÈRES GOUACHÉES.

Les lumières obtenues par la gouache (méthode généralement adoptée aujourd'hui dans l'aquarelle) sont d'un effet très piquant sur le **papier de riz**. On se sert des mêmes couleurs de gouache déjà employées; il faut les mettre avec assez d'épaisseur afin qu'étant sèches elles restent un peu vigoureuses; on les pose avec les pinceaux de marte rouge. Dans les clairs où le papier de riz est réservé, on peut également mettre un peu de blanc; il faut l'étendre avec soin et seulement dans la lumière la plus vive.

OR ET ARGENT EN COQUILLES.

L'or et l'argent s'emploient avec succès; ils sont d'un effet bien plus brillant que sur le papier ordinaire. On met quelques gouttes d'eau dans les coquilles afin de travailler toujours avec le pinceau très humide.

EMPLOI DES PRINCIPALES COULEURS.

Je diviserai l'emploi des couleurs en trois parties : 1° les couleurs nécessaires pour la préparation ; 2° les couleurs en poudre pour les gouaches; 3° les couleurs qui doivent former les ombres.

PRÉPARATION.

Le jaune clair ou foncé avec la gomme gutte;

le vert avec l'italian-pink, le bleu de **Prusse** et
un peu d'indigo; le rose avec le carmin très
léger; le bleu clair ou foncé avec le cobalt; le
violet avec le cobalt pur; l'orange avec le
rouge de Saturne; le rouge mat avec le vermillon; le rouge vif avec la gomme gutte;
le pourpre avec le carmin; le vert-émeraude
avec la cendre verte; le brun clair avec la terre
de Sienne ordinaire et la terre de Sienne
brûlée; le brun foncé avec la terre de Sienne
brûlée, la sépia et un peu de laque carminée;
le gris avec le payne's gray, le cobalt et un peu
de laque carminée très légers; le noir avec le
payne's gray.

GOUACHES.

Le jaune avec le jaune de chrome et un
peu de blanc d'argent; le jaune très clair avec
le blanc pur; le vert avec le jaune de chrome
et le bleu de Prusse; le vert pâle avec le blanc
et l'indigo; le rose avec le blanc et le carmin;
le bleu avec le blanc et le cobalt; le violet avec
le blanc, le carmin et le cobalt; l'orange avec
le blanc et le rouge de Saturne; le rouge
mat, le rouge vif et le pourpre avec le vermillon; le vert-émeraude avec le blanc et la cen-

dre verte; le brun clair avec le blanc et la
terre de Sienne brûlée; le brun foncé avec
le blanc, la sépia et la terre de Sienne brûlée;
le gris avec le blanc et le payne's gray; le noir
avec le noir d'ivoire.

DES OMBRES.

Le jaune clair avec le jaune indien; le jaune
foncé avec la terre de Sienne brûlée et le carmin très léger; le vert avec l'italian-pink, le
bleu de Prusse, un peu d'indigo et de terre
de Sienne brûlée; le vert pâle avec l'indigo
pur; le rose avec le carmin et un peu de cobalt
dans les ombres vigoureuses; le bleu avec le
cobalt et un peu de laque carminée; (le violet
est préparé de nouveau légèrement avec le carmin pur léger, on revient ensuite pour les ombres
avec le cobalt et le carmin mélangés); l'orange
avec le vermillon et un peu de carmin; le
rouge mat avec le carmin : (le rouge vif est
préparé de nouveau avec le carmin pur, on
revient pour les ombres avec le carmin et un
peu de sépia dans les vigueurs); le pourpre
avec le carmin, la sépia et un peu de terre de
Sienne brûlée; le vert émeraude avec le cobalt et l'indigo très léger; le brun clair avec la

terre de Sienne brûlée et un peu de sépia ; le brun foncé avec la terre de Sienne brûlée, la sépia et la laque carminée ; le gris avec le payne's gray et un peu de laque carminée, le noir avec les mêmes couleurs que le gris. Pour le rouge vif, le rouge mat, le poupre, on peut revenir dans les ombres avec un glacis de terre de Sienne brûlée afin de donner de la transparence. Les retouches se font avec les mêmes couleurs que celles des ombres.

FLEURS ET FRUITS.

Je vais donner quelques explications sur les fleurs et les fruits les plus difficiles. Les fleurs blanches n'ayant pas de préparation, le papier formant la teinte locale, on les ombre avec l'italian-pink et les gris très légers ; la gouache avec le blanc d'argent; pour les roses il est nécessaire de revenir souvent, en ayant soin de ne pas oublier d'humecter le papier, il serait impossible autrement d'obtenir de la fraîcheur. Les capucines sont préparées et ombrées avec la gomme gutte, le rouge de Saturne et le carmin; les gouaches se font avec le blanc d'argent et le rouge de Saturne. Les groseilles rouges avec le carmin, les gouaches avec le vermillon. Les cerises avec le carmin et le vermillon ; les gouaches avec le vermillon. Les prunes violettes avec le cobalt, l'outremer et la laque carminée ; les gouaches avec le blanc d'argent et le cobalt. Les pêches, les pommes, les poires avec la gomme gutte et l'italian-pink, les ombres avec le carmin, la terre de Sienne ordinaire et brûlée, le cobalt ; les gouaches se font avec les mêmes couleurs mélangées de blanc d'argent.

OISEAUX ET INSECTES.

Pour les oiseaux étrangers et les insectes de couleurs brillantes, dorées, argentées, on se sert des coquilles d'or et d'argent. Le plumage des oiseaux se fait très facilement par de petites touches très légères avec les couleurs en tablettes, puis ensuite (toujours par devant) avec celles des gouaches. Dans les insectes pour les ailes à reflet d'Iris, tels que les libellules (vulgairement appelées *demoiselles*), les mouches, etc., lorsque l'on a entièrement terminé le travail des détails, on passe sur toute la partie une couche d'eau gommée un peu épaisse, on revient de la même manière plusieurs fois. Il est très nécessaire, surtout pour les insectes, de bien soigner tous les détails, tels que les pattes, les antennes. etc,

PERSONNAGES.

Pour les chairs on esquisse d'abord les traits avec le rouge de Saturne très léger, on pose ensuite les gouaches avec le blanc d'argent, le vermillon, un peu de jaune de chrome et un peu de carmin, on revient ensuite par devant pour former les parties colorées et les ombres; dans les ajustements on emploie par devant les gouaches et quelquefois l'or et l'argent en coquilles.

PAYSAGES ET MARINES.

Les paysages et les marines se travaillent de la même manière qu'à l'aquarelle, on ne gouache par derrière que les premiers plans; pour le ciel très foncé et les seconds plans on revient par derrière avec les couleurs en tablettes; le ciel clair et toutes les parties dans l'éloignement ne se font que par devant. Les lumières se retouchent également avec les gouaches.

FONDS DE COULEURS.

On peut obtenir des fonds de couleur sur le papier de riz, voici de quelle manière on doit le faire : Lorsqu'on a terminé les ombres, avec une couleur un peu liquide et foncée on suit d'abord tous les contours en le faisant avec tout le soin possible ; après on remplit le reste du papier blanc. Les traits et les autres détails que l'on ne peut réserver se font avec les couleurs de gouache ; les bruns fonds noirs sont d'un bon effet : les tons clairs sont plus difficiles à obtenir. Les fonds se gouachent également par derrière : il faut avoir soin de délayer d'avance beaucoup de couleur.

MOYEN DE COUPER LE PAPIER DE RIZ.

Avant de couper le papier de riz il faut attendre que la peinture soit parfaitement sèche; cinq ou six heures sont nécessaires : si on ne prenait pas cette précaution il se crisperait et ne pourrait jamais se tendre également. On mouille avec le pinceau les bords du papier sur l'angle extérieur du châssis; ensuite, avec une règle et un canif ou tel autre outil tranchant ayant la pointe très aiguë, on coupe le plus carrément possible une ou deux lignes en dedans de la partie mouillée : on peut sans inconvénient le tendre immédiatement.

MANIÈRE DE COLLER LE PAPIER DE RIZ.

On mouille une feuille entière de papier à lettre, ou de papier écolier un peu fin; on laisse tremper cette feuille encore environ cinq minutes, afin qu'elle s'humecte bien : on la pose ensuite sur une serviette afin d'enlever toute l'eau, il faut qu'elle ne soit seulement qu'humide. Ainsi préparée on prend le papier de riz que l'on met entre cette feuille, au bout de quelques instants il devient tout à fait malléable. On applique sur tous les bords un peu de colle de farine posée avec le pinceau ; il faut bien faire attention de ne pas en mettre trop. On le colle alors sur le papier blanc, on le met ensuite en presse. Lorsqu'on veut le tendre sur un papier demi-teinte, on colle d'abord un morceau de papier anglais Whatman de même grandeur sur le papier foncé, puis on tend le papier de riz de la manière déjà indiquée, sur le papier blanc. Il est bien nécessaire d'employer la colle de farine excessivement blanche et pure, autrement on risquerait de former des taches.

PRÉPARATION DE L'EAU GOMMÉE.

Faire fondre à froid deux tiers de gomme arabique et un tiers de sucre candi blanc; deux jours suffisent pour dissoudre entièrement le tout; avant de s'en servir on remue avec un petit bâton. On la fait fondre également dans l'eau chaude, mais elle se lie moins bien sur le moment ; quand on peut attendre, la première préparation est préférable.

DÉTAILS DES PROCÉDÉS ENSEIGNÉS PAR

M. ACHILLE ROBIN.

Peinture sur papier de riz.

Nouveau genre de dessin à la mine de plomb.

Imitation de laque de Chine.

Laque anglaise.

Laque du Japon.

Laque orientale.

Coloris des lithographies.

Peinture orientale sur papier, sur bois, sur velours, etc.

Brossomie, nouveau genre pour peindre le paysage, etc.

Peinture des stores sur percale, sur mousseline.

Gouache, aquarelle sur bois blanc.

Lithochromie perfectionnée.

Peinture sur satin, sur gros de Naples.

Imitation des étrusques.

Peinture sur verre, sur albâtre, sur cristaux.

Chiffonomie.

Peinture sur plume, sur peau.

Imitation peinte des porcelaines de la Chine et du Japon.

Marqueterie chinoise.

Plusieurs autres procédés et applications de moindre importance, ainsi que les différentes méthodes pour préparer et terminer par soi-même tous ces genres d'ouvrages.

Les personnes qui habitent la province et l'étranger, et qui désireraient se procurer les objets nécessaires pour travailler ces différents genres, pourront s'adresser directement à moi; e me chargerai de leur expédier tout ce dont elles pourraient avoir besoin, ainsi que les renseignements désirables.

Ecrire à l'adresse ci-après :

M. Achille **ROBIN,** professeur de peinture, rue Neuve-des-Mathurins, 12, à Paris.

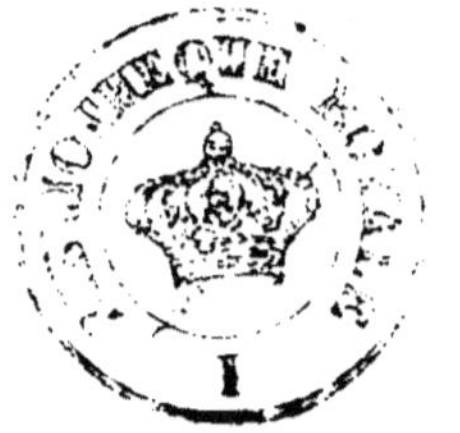